오늘의 노래

시쓰는 사람들 동인지
제 8 집

이상범 이준안 김경희
김동진 김인숙 김정자
김홍림 윤소천 이기은
추영수 한미자

그림 : 일러스트 김박 화백

을지출판공사

■ 서문

동질선상에서

우리나라 시단의 견인차 역할을 했던 최초의 시 동인지 〈장미촌(황석우, 변영로, 노자영, 박종화 등)〉이 창간된 것은 90년 전인 1921년입니다. 이를 이어 여기 모인 〈시쓰는 사람들〉 동인들은 시의 이질적인 특성과 이미 자기화한 개성을 지니고 있습니다.

우리는 이제 〈시쓰는 사람들〉 동인지라는 주사위가 던져진 지 8번째로 구심점을 형성하는 실험 단계를 이미 넘어섰습니다.

우리 동인들은 앞으로 더욱 동질선상으로 귀결시키려는 노력을 통해서 한국 시의 새 지평을 열고자 노력해야 하겠습니다.

2011. 9.

이 준 안

차 례

이 상 범

- 히말라야 거봉巨峰
- 색소폰 연주
- 나무의 늦가을 인사
- 아름다운 테트라포트
- 물총새의 추억
- 젖동냥 생각
- 꿈
- 막장 생각
- 위성 레이더
- 차 한 잔 들고 싶은 곳

- 시조문학 3회 천료(63년도)
- 신인예술상 수석상(64년도)
- 조선일보 신춘문예 당선 1965년 문단 데뷔
- 한국시조시인협회장, 한국문협시조분과회장, 한국시조사 대표 역임 등
- 시집 :『신전의 가을』『별』『풀꽃 시경詩經』등 19권 출간
- 정운시조문학상, 한국문학상, 중앙시조대상, 육당시조문학상, 이호우시조문학상, 가람시조문학상 등 수상

- 주소 : 415-707 김포시 감정동 674 신화아파트 101동 1304호
- 전화번호 : 031-989-0308, 011-9041-6889.
- 이메일 : poetlee1004@naver.com

히말라야 거봉巨峰

- 연꽃, 그리고 산악인을 위하여

이 상 범

해가 뜨면 히말라야 거봉은 연꽃 봉오리
그 위에 구르는 이슬을 눈사태라 일컬었고
산사람 꽃의 유혹을 여신의 미소라 했다.
달이 지면 안으로 금이 가며 숨 쉬는 연꽃
숨 가쁜 눈바람의 꽃샘추위 영하 사십도
해 뜨면 버섯연기 피듯 연꽃들의 숨비소리…….
골라 딛는 고행의 발 능선엔 움직이는 색조
연꽃의 가장자리 얹혀 있는 저 이슬방울
정상의 떨리는 음성 연꽃이 된 숨비소리…….

색소폰 연주
-쥐방울덩굴에게

이 상 범

밤이 저물고 잔잔한 피로가 쌓여
게으른 음정이 더디게 흐르고 있다
색소폰 소리가 스미듯 가라앉는 여울목.
한 치 두 치 빠져드는 선잠의 수렁 위에
파닥이다 가라앉고 가라앉다 떠 흐르는
동과 서 남과 북의 향방 튀어갈 곳 모르겠다.
누군가는 금연 전의 파이프라 이르지만
연기가 바닥을 기듯 잠겨드는 멜로디여
색소폰 소리에 묻혀 더딘 밤이 새고 있다.

나무의 늦가을 인사
- 계수나무에게

이 상 범

이파리 나풀나풀 하트의 잎 나부끼며
밤안개 한 무더기 입었다가 벗는 날은
이슬도 수만 구슬의 사리 꿰어 빛났다.
가을 들어 타는 잎은 동그란 금빛 자랑
잎 지우며 겹겹이 나무손이 짜는 정표
말없는 잠잠한 눈길 고맙다는 나무의 말.
마지막 한 잎까지 받은 은혜 훌훌 태워
정 주고 따습던 삶 보은으로 거두면서
마지막 부챗살 편 채 마무리 절 하고 간다.

아름다운 테트라포트
- 후추꽃에게

이 상 범

독도는 대한민국 숨통의 갈매기 섬
두 개 섬 사위에 분홍빛이 발광하는
미학의 테트라포트 붉은 산호 같이 살게…….
무겁게 빛 발하는 독도엔 전진 기지
호텔 하나쯤은 우뚝해도 절경일 듯
풍랑이 거센 날에는 배도 잠시 정박하는…….
아름다운 테트라포트 독도에 부려 놓으면
독도는 칠천만의 눈빛이 분사하는 섬
푸른 숨 몰아쉬는 너 등 두들겨 주고 싶다.

물총새의 추억

– 목베고니아 햇싹

이 상 범

물총새가 물이랑 속 목표물을 조준한다
낚아채는 그게 아닌 살촉으로 꿰어 올릴 듯
그 파란 눈빛 속에 어린 초록 물면 은비늘.
요즘의 물총새는 머리를 다칠까 봐
헬멧을 눌러 쓰고 다이빙을 하나 보다
물 참방 짙푸른 파문 하늘마저 숨죽이는…….
육십 년 전 파란 물총새 오늘 문득 다시 보는
나는 이제 네 눈빛 속 풍덩 하고 들고 싶다
물빛에 아로새기는 꿈의 어룽 삶의 무늬.

젖동냥 생각
- 꼬리에리카

이 상 범

흉년이면 젖동냥의 수유소授乳所 문을 연다

곤충의 세계에도 젖 모자란 어미가 있어

새끼들 젖동냥 할 때 젖을 물려 줬나 보다

꿈
– 압화壓花, 양귀비

이 상 범

여고생 책갈피에 예쁜 꽃이 잠을 잔다
생화의 원색이 꿈을 꾸며 잠을 잔다
시집간 누이의 그 꿈이 깊은 잠에 빠져 있다
언젠가 친정에 와 공부방의 책을 펴다
이를 어째 스무 해 전 꿈이 아직 잠을 자고
쪽지엔 첫사랑의 상처도 꿈을 꾸며 잠을 잔다

막장 생각
- 폭죽초, 비상용 손전등!

이 상 범

삶의 막장이 곧 탄광의 막장이라고
후진 삶의 변두리를 몇 번 돌아 다다른 곳
동바리 메고서 갱도를 올라보면 안다 했다.
이마에 등을 달고 살아가는 이십 사시
갱도에 내려서면 항시 밤인 검은 통로
자욱한 석탄 먼지 속 채탄하는 소음 뿐.
가끔씩 밝혀가는 붉은 등 비상용 손전등
큰 사고 아니기를 간절히 바랄 뿐이다
교대 뒤 지상에 오르면 다시 얻는 귀한 목숨.

위성 레이더
-수선화, 골든 벨

이 상 범

별들이 스치는 소리 우렁우렁 맑은 공간
은하계 자갈 씻듯 썰 밀물의 낮은 소리
가다간 미지의 신호음 풀리잖는 먼먼 소리
외계에서 지구에게 뭔가 연신 보내오는
수신의 귀를 열어 외부의 소리 잡는다
삐히삐 삐히삐 공공공 알 수 없는 신호음.

차 한 잔 들고 싶은 곳
-정수사 다실淨水寺茶室

이 상 범

골안개가 산새소리 정상으로 끌어 올린다
연보라 현호색이 무리 지어 피고 진 날
고요도 연두색 입혀 찧고 있는 뻐꾹 소리……
스님과 녹차 한 잔 생각 그도 비운 날은
숲이 푸는 밝은 어룽 하늘이 쓰는 낙서도 읽고
초록의 황홀한 무늬 찻잔 속에 눈을 뜬다

이준안

- 말복 날의 기도
- 엄니의 유산
- 파멸의 후회

- 한국문인협회 회원
- 한국문인협회 김포시지부장 역임
- 현, 산림문학회 이사
- 시 쓰는 사람들 동인회장
- 현, 김포시 산립조합장

- 핸드폰 : 010-7304-2004

말복 날의 기도

이 준 안

말복 날
아침에게 쫓기는 숨 가쁜 새벽
검은 비구름이 회오리치는 틈새로
하얀 빗줄기가 빗발친다
투명한 무無가 시간을 품어
꿈꾸는 우주의 노래를 무릎 꿇리곤
칠흑 같은 무거운 침묵을 허공에 토해 내는
쓰르라미 한 마리가
베란다 유리 너머 투명한 창가에
성서처럼 근엄하다

회오리치는 검은 구름을 가르며
차디찬 번개가 내지르는 채찍소리에
창백하게 질린 빗줄기가 앞 다퉈 내리고
피곤한 시침이 빗속에 하품을 토하는 늦은 오후
가슴을 치는 순정이 머무는 시야에
눈부시게 다가서는
쓰르라미의 순결한 성체

사방에선 줄기차게
쓰름 쓰름 쓰르르르 -
갈 테면 가라 청산아

엄니의 유산

이 준 안

야윈 엄니의 눈시울엔 울음이 자욱합니다
칵, 칵, 퇘!
깊은 밤마다 엄닌
서러움을 곱게 여민 생의 고비를 쥐어 뜯는
마른가래를 내뱉습니다

엄니가 내뱉는 마른가래는
차디찬 진눈깨비 흩뿌리던 날 낮밤 없이
사기그릇이 사납게 목을 쥐는 광주리를 이고
보릿고개를 넘던 고통이 토해 낸 눈물입니다

엄니가 내뱉는 마른가래는
샛별도 지친 새벽부터 질퍽이는 들판에서 온종일
일당을 캐던 몸부림이 토해 낸 눈물입니다

엄니가 내뱉는 마른가래는
먹구름이 천둥번개 치며 찬비 뿌리던 날
남과 나의 경계에 화살을 꽂던 두려움이 토해 낸 눈물입니다

엄니가 내뱉는 마른가래는
서러움을 아들에게 울컥 쏟아낸 잔인한 유산입니다

파멸의 후회

이 준 안

〈쫒아 버릴 걸!〉

노을이 석류처럼 익는 언덕을 향해
쏘나타의 핸들을 잡고 신나게 달립니다.

노을 익는 소릴 푸른 리듬에 실어 오롯이 품고
여윌 노을이 슬퍼 땅에 내려선 접시꽃여인
수줍은 내 눈꺼풀에 쌩긋 윙크하며
춤을 춥니다.

우아한 접시꽃여인의 그윽한 춤사위는
끝내, 앙 다문 내 눈꺼풀을 비집어 소리없이 기어듭니다

접시꽃여인의 격렬한 춤사위가
굽이 굽이 사위에 깊이 감춰진 유혹의 입술로
내 육신의 내면에 처박힌
외로운 울음을 찾아내 애무하는 -
끝내, 상처로 얼룩진 내 영혼의 빗장도 소리 없이 열립니다.

불타는 노을로 꾸민 신방에 나를 눕힌 접시꽃여인이
눈꺼풀로 재단한 커튼을 내립니다.
소나타의 아늑한 자장가가, 농익은 여인의 숨결에 부서지는
아! 이 달콤함, 이 황홀함

접신接身의 간절한 욕망이 울컥 치솟는 순간
접시꽃 그녀의 눈빛 속에
날카로운 비수가 숨겨져 있음을 봅니다

- 안돼! -

그러나, 그녀에게 이미 마취된 내 영혼은
열린 빗장을 다시 잠글 수가 없습니다.
일그러진 접시꽃 마녀의 비겁한 눈초리는
억센 손아귀로 내 목을 옥죄곤 시퍼런 비수를
심장에 깊숙이 꽂습니다.

- 으악! -

살과 피가 튀고
생사生死가 백지 한 장에 깔린 골에 뒤죽박죽 나뒹굽니다
초침소리의 숨결도 눈을 감았습니다

아아! 이럴 수가 -
제발, 제발 꿈이길 -

〈쫓아 버릴 걸!〉

김경희

- 밤의 향기
- 장미꽃 수정안修正案
- 의도意圖를 감추고
- 빗방울
- 소풍 가는 날
- 앵무새 되기
- 남과 여
- 긍정의 힘
- 철학哲學
- 평생 놀이

- 필명 : 自然이
- 50년대 저항 시인, 김 악(金岳)의 3녀
- 동양방송 미술부 근무
- 영등포 제이씨 역대 부인회장단
- 한국문인협회 회원
- 문예사조, 한국현대시얼, 자유시협 수석부회장
- 을지출판공사 편집부장
- 세계시문학회 이사
- 시 쓰는 사람들 동인
- 문예사조 문학상 수상
- 시집 :『아름다운 질타』『영혼속의 영혼스케치』외 공저 수십 권
- 신문, 리더스다이제스트 수필 등등

- 주소: 서울 구로구 구로동 1269 구로중앙하이츠아파트 101동 1901호
- 집전화 : 070-7559-6199 • 핸드폰 : 010-2488-7419
- 블로그 주소 : http:/blog.daum.net/kkh7419. 김악 시인을 위로하며
  신작시 150여 편 연재 중

밤의 향기

김 경 희

어둠이
내린다 내린다
쏴 아 밀려오는 잔잔한 검은 물결

재촉하던 별빛,
창밖을 진정시키면
코끝 맴도는 사랑의 향기

파노라마로 번지는
저마다 가슴속
소중한 사연들

그리움 부추겨
추억과 함께
피어오르는 아카시아 향기

어둠속 그림자들
꽃그늘 아래 모여 달콤하다
아카시아 향긴 그래서 달큰한가 보다

장미꽃 수정안修正案

김 경 희

요사이 세간에 떠도는
여인시리즈 살펴보면
산꽃이나 죽은 꽃이나
향기 사라지면 꽃이 아니란다

강 언덕 세찬 비바람 속에서
꽃잎 한 장이라도 피운 적 있다면
그 여인도 아름다운 장미
저 여인도 향기로운 장미

꿈속에서 울고 웃다가
해 뜨는 아침에 부활해
다시 어둠속에서 죽고 사는
여인이라면 현대판 새품종 금장미,

분토에 씨앗 뿌리지 못해
향기롭지 못한 붉은 입술 대변하는
진부하고 한정된 틀에 가두는
장미꽃에 대한 은유, 그만 쓰는 게 어떨는지요

의도意圖를 감추고

김 경 희

설경을 찍으러 나갔다
세 아이들이
눈을 뭉치면서 놀고 있었다

별생각 없이 그저
눈이 신기해서 노는 것이라 했다
우~아 아이들아 아주 재밌겠구나
신나는 부추김에 눈덩인 굴러굴러 더 커져갔다

꿈이란 바로 이렇게 소박한 것이란다
자~아 나름대로 작품들 만들어 보려므나
자연스럽게 눈, 코, 입 붙이려므나

오늘저녁엔 일기들 쓰거라
나중에 커서 그걸 읽으면서
소중한 기록에 가슴 아련해지려므나

산다는 건 눈사람 만드는 일이란다
이 순간 너희가 내 말을 믿어준 것처럼
자신을 믿는 일이 가장 중요 하단다

빗방울

김 경 희

까맣게 빛나는
갈무리된 눈동자
한꺼번에 무리지어 쏟아진다

안식을 배제한
노숙의
몸부림 감추고

후루루 후르르르
훌라맹코 춤추며 내려오는
피안彼岸의 보헤미안들

서로 쓰다듬고 씻기며
방황을 즐기는 저 열정의 몸부림,
어느 누가 제지할 수 있을까

소풍 가는 날

김 경 희

끝이 안 보이는 푸른 초원
실크에 새겨진 내 이름 석 자 따라
대문 열고 들어가 손님이 된다
사르르르 미끄러지듯 발걸음 가볍다
새콤한 풀 향기 물씬 풍겨온다
어디선가 양 떼들이 운다
여기저기 살피다가 발아래 내려다본다
공중 부양한 싸늘한 물체 보인다
슬픈 얼굴들에 둘러싸여있다
그대들, 조금도 슬퍼하지 말아요
언제부터 오고 싶었던 이곳,
도시락 싸들고 아이처럼 기다렸어요
너무너무 여기 맘에 들어요
미소 짓지 않아 자유로워요
편해요 편해요 아주 편해요
드디어 아버지 손을 잡았네요
반가워 우시는 어머니 손도 잡았네요
걱정들 마세요
이젠 절대 놓치지 않을 거니까요

앵무새 되기

김 경 희

그들이
모이면 날, 일단 귀부터 닫았다
보나마나 반반한 학벌자랑 앞세워
부모자랑, 자식자랑에다 남편 흉에
저 백화점 명품 세일 한다거나
유명한 음식점 이름 들먹이거나
내겐 전혀 필요 없는 상식 투성이었다
그들을
볼 때마다 척하며 나는 그 입술들
루즈가 무슨 색인지 그것을 바라보았다
어느 날, 하염없이 하염없이
거릴 배회하다가 무관심이 죄라는 걸 알았다
삶이 고달파 그렇게 떠들고
왜 그래야만 사는지 알게 되었다
그들도
인간이고 게다가 여자들 아닌가
진정으로 들으니 참으로 재미있었다
치사량의 몰핀이 적당량 들어있는
수다는 훌륭한 정신 치료제였다
도무지 혼자 외로워서 견딜 수 없었다

남과 여

김 경 희

파도타기 고수인
아담과 이브,

바다가 잔잔하면
파도여 몰려오라 채근한다

태풍이 몰아친다
휘몰아치는 비바람

아담이 두 팔 벌리면
이브가 파고들어
폭풍의 바다 휘젓는다

해일이 두 사람 삼키면
짜릿한 스릴이다
아찔한 환희의 침몰이다

쾌락이나 절정이
물거품이기에 우리는 한사코
바다를 멀리서 바라보는 것일 게다

긍정의 힘

김 경 희

검은 실오라기 두어 개
눈을 감으나 뜨나
거미줄 왔다 갔다 부산하다

치우려고 애쓰니
더 알찐알찐
약 올리며 그네를 탄다

그래 거미야
눈동잘 온통 칭칭 동여맨들 낸들 어쩌겠니
이왕 놀러왔으면 그래 함께 살아가자꾸나

으응! 하늘 왜 이렇게 맑지
다정하게 맞아 주었다고
거미야 거미야
너 겸손해져 어디 숨었니?

철학哲學

김 경 희

헤엄치는 거북이나
날고 있는 에버스토론이나
지구의 고통이 무엇인지 모른다
아니, 아무것도 알고 싶어 하질 않는다

먹이 사냥하느라
푸른 바다 유영에 만족하며
높은 하늘 숙명으로 아는 순종자들
첫째날 다섯째날 같은 것조차 상관치 않는다

현존에 성실할 뿐
헤엄치고 날아다닐뿐
질문이나 대답을 요구하지 않고
의구심 추호도 없는 온순한 성품들

누구냐 너와 나냐 따지고
경제 학문 사랑 질투 무어냐 왜, 왜……
분홍뇌수에 과부하 걸린 신경세포줄기 잠재우며
오늘도 내가 누군지 모른 채 넘기는 책장이 천근이다

평생 놀이

김 경 희

골목길에서
어린 소년이 달려 나옵니다

다음 골목길에선
어린 소녀가 달려 나옵니다

두 아인 웃으면서
손잡고 놀이터로 향합니다

넌 아빠, 난 엄마
재미있게 티격태격 소꿉놀일 합니다

하늘바라기 할 때까지
가장 행복한 인생놀이의 시작입니다

김동진

- 다시 갈 변곡점에서
- 가을의 근원
- 화음 없는 풍경
- 물이 사는 길
- 고요靜라는 계절 하나
- 기억에 대하여
- 알고 가는 길
- 소각장에서
- 소낙비와 등

- 문예사조 시부 신인상
- 한국문인협회 회원
- 한국문인협회 경기도지회 부지회장
- 한국예총김포지부 이사
- 한국문인협회 김포지부 지부장
- 시집 : 『늦해바라기의 사랑』『숨소리』

- 주소 : 415-060 경기도 김포시 장기동 1655 우미린아파트 206동 205호
- 이메일 : dongjinee@paran.com
- 핸드폰 : 016-205-7756

다시 갈 변곡점에서

김 동 진

함수의 곡선 같았던 나의 길
참 먼 여정이었는데
오늘 왜 이토록 짧아 보일까

혹은 외줄로
혹은 뒤얽힌 거미줄로
항상 샛길로 이어온 나의 궤적이
어느덧 그 길 끝에 다다라
거미처럼 공중에 떠 있다

발자국 한 점 세상에 못 남긴 내 발
그 발에 신겨 닳고 해진 신발들에게
회갑回甲을 맞아
헌주獻酒 한 잔 붓고 싶다

길 끝 변곡점에서
덤으로 더 가야 할 길이 있다니
부끄럽게도 행복하다
늦었지만 내 신발들에게 입맞춤한다
내 발을 위해 또 닳아야 할 조건 없는 희생처럼
이제 나도 너희들의 신발이 되겠다고

가을의 근원

김 동 진

보이지 않는 것들이
더 잘 보이는 가을이네.
바람은 휑한 그물 같은 손바닥으로
꼬리 붉어가는 잠자리를 밀어 올리고
북쪽에서 찾아온 철새를 밀어 올리고
새털구름을 하늘 끝까지 밀어 올리네.
더욱 가늘어진 햇살이
조금씩 식어가는 자신의 등을 나무에 비벼대면
나뭇잎은 제각각 몸에 색깔등燈을 밝히네.
이 가을
정교하게 침잠沈潛해 오는 저 기운은
부지런한 햇살의 눈빛이기도 하고
거리를 왕래하는 바람의 뒷모습이기도 하네
억새들 흔들리는 어깨 같은
섬돌 밑 음표로 부서지는 풀벌레 울음 같은
구절초의 애잔한 흔적이기도 한

정녕 가을의 근원은
먼 여정의 출발선이며
잘 닦인 거울 앞이기도 한

화음 없는 풍경

김 동 진

바람이
눈송이를 갈기갈기 찢는다
찢길수록 은빛이다

얼음구멍에 목 구부리고 있던 고니가
돌연 물고기 한 마리 낚아채 꿀꺽 삼킨다
율동의 긴 목이 우아하다

겨울난 가지에 맺힌 꽃눈은
피부가 터진 멍울인데
그 내음이 참 생기롭다

아침부터
작은 새들의 불협화음 지껄임에
왜 몸이 깃털처럼 가벼워질까

모락모락 피어오르는 찻잔의 김은
물이 죽어 유체이탈 하는 것인데도
왠지 추억처럼 아련하고 곱다

아! 이 겨울
화음 없는 풍경도
때로는 화음 있는 풍경이 되는 것을

물이 사는 길

김 동 진

물이 물답기 위해서
쉼 없이 몸을 비틀고 달구는 것이다
용광로 쇳물이 끓기를 멈추면 쇠가 되듯이
물도 흐름을 멈추면 어떤 각질이 되는 것이리
그래서 물은 묽기 위해
뛰어내리고 부서지고 뒤틀고 들이받고 구르고
흐르다 지치면 하얀 거품을 무는 것이다
바쁜 바람도 눈 부칠 짬이 있고
만 리 길 철새도 날개 쉴 틈이 있는데
멈춰 숨 고를 찰나刹那 없는 생生……
간혹
물이 자학의 담금질이 싫어
흘러가는 물길을 이탈하여
잎이 되기도 하고 열매가 되기도 하지만
그것은 흙에 먹힌 물의 죽은 흔적들이다
물이 사는 길은
영겁의 고행뿐인 것이다.

고요靜라는 계절 하나

김 동 진

봄春 여름夏 가을秋 겨울冬
다음에
'고요靜' 라는 계절 하나 더 있었으면
좋겠다

생육이 멈춘 겨울에서
생동하는 봄으로 가는 길목쯤에
숨 좀 고르며 쉬어 가는
계절 하나

덥지도 않고 춥지도 않는
따뜻하지도 않고 서늘하지도 않는
평안한 감정 같은 기후로 덮인

구름 한 점 없고 바람 한 올 없어 고요하고
대기가 수정처럼 맑고 깨끗한
땀도 없고 움직임도 없어 안락한
만상萬象이 푹 쉬고 싶도록 아늑한
그런 계절 하나 더

기억에 대하여

김 동 진

고맙게도
내가 걸어온 길을
필름에 담아 보관하고 있는 항아리 하나
내 곁에 있는 것이다

잘 다듬어진 달처럼 떠서
내 안에든
내 밖의 꽃향기 퍼지는 영역이든
나를 맞이하고 있는 것이다

안을 들여다보면
내가 보냈던 시간들이
도서관 책들처럼 차곡차곡 쌓여 있어
나는 그 통로를 따라
안개 물어 나르는 새처럼 배회하며
기억의 목록을 찾는 것이다

옛 어린 시절도 끄집어내 보고
이승에 계신 짠한 어머니도 보고 싶어져
오늘도
보랏빛 항아리를 톡톡 두드려 보는 것이다

알고 가는 길

김 동 진

암 앓던 젊은 친구가 뚝! 떨어져
영안실에 누워 있네
바람의 헛기침에 홀연
마른 잎 하나 가지에서 뚝! 떨어져
찬 바닥에 납작 눕듯이

하얀 천 뒤집어 쓴 저 친구는
진즉 갈 길을 알고 있었나 보네
그동안 걸음을 멈칫거렸던 것은
왔던 길 몇 폭이라도 더 버리고 싶었나 보네

왔던 길이며 갈 길이
뭐 별것 아니라는 것이네
덧없이 그냥 오고 가는 길이라는 것이네
사람들이 잊고 사는 그 길을
먼저 알았을 뿐이라는 것이네
왜 벌써 가느냐고 묻는 것은
몰라서 묻는 우문愚問이라는 것이네
친구가 가는 곳은
장단長短과 완급緩急이 무의미한
먼저 아는 사람이
먼저 가는 길이라는 것이네

소각장에서

김 동 진

어떻게 하다가 이곳 소각장까지 밀려 온 사금파리
조각난 생生을 짊어지고
세월의 파도에 떠밀려 다니다가
오늘 소각장 불길 뒤집어쓰고 잿더미에 누웠네
부처 아니면 할 수 없는 고행의 길을 멈추고
주검 같은 한 생애, 문을 닫았네

참 기구한 탄생으로 생을 시작한 사금파리
자궁을 통해 태어난 것도 아니고
알로 부화한 것도 아니고
깨어짐의 잔해로
파괴의 흔적으로
싸움의 아픔으로 출생한 사금파리

본디 손도 발도 없어 한 뼘도 움직일 수 없는 맨몸뚱이로
한 생애를 견디어 온 부처 같은 삶
오늘 그 거룩한 다비식에서
나는 내 몸뚱이를 이곳저곳 만져 보네

소낙비와 등

김 동 진

정오까지 찌부등하던 하늘 쪽에서
홀연 한여름 소낙비 퍼붓는다

무겁디무겁게 짊어지고 다니던
저수지 같은 물
그만 확 쏟아 버린
뭉게구름의 등

오뉴월 뙤약볕 아래서
꺼끌꺼끌한 보리 타작 마치고
고개 너머 집까지 겉보리 가마니 지어 나를 때
무겁디무겁게 짓누르던 짐
확 벗어 던져 버렸던
내 유년의 등

오늘 퍼붓는
한여름 소낙비를 보니
확 쏟아버린 후
창자 속까지 시원하던 그때가 생각나서
씩 웃어 보는 오후

김인숙

- 내림
- 미완성 초상화
- 쌍무지개 뜬 언덕
- 고향의 맛
- 언니 같은 친구
- 파열음
- 꽃대궐 띠띠미
- 위로가 필요하다
- 고사목
- 천재 + 인재

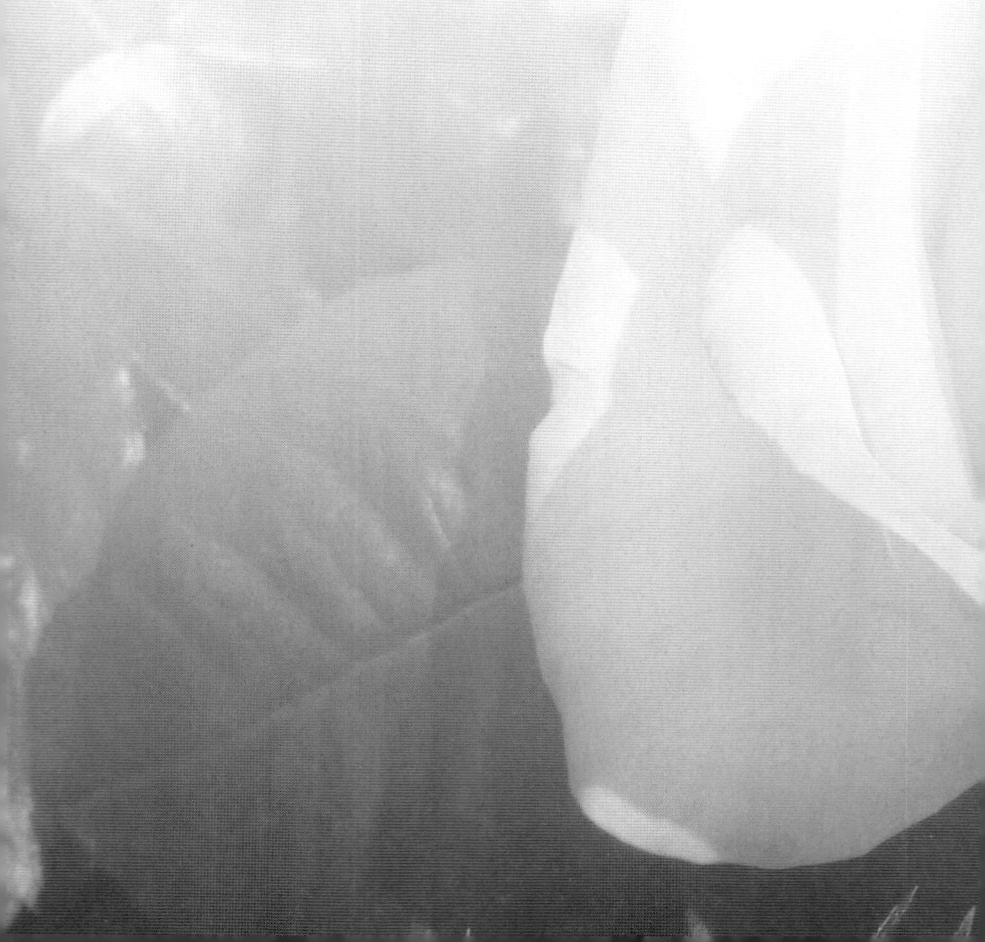

- 호는 우정(雨庭)
- 1988년 시조문학 2회 천료 등단
- 한국문인협회, 국제펜클럽회원
- 여류시조문학 회원, 김포문협회원, 나래시조동인
- 초등교사 30년 역임
- 샘터수기 당선, 현대시조 백일장 금상 수상
- 마로니에 여성백일장 수필 입상
- 제 11회 나래 시조문학상 수상
- 제7회 김포문학상 수상
- 시집 : 『멀어지는 연습을 위하여』『바람에게 띄우는 연가』
- 시쓰는 사람들 공저 5권 외 다수

- 주소 : 경기도 김포시 풍무동 현대 프라임빌 아파트 208동 1805호
- 핸드폰 : 011-9654-6016
- 이메일 : 2002insuk@hanmaill.net

내림

김 인 숙

쉽게만 사는 세상이 어디 살맛 나겠냐며
곱게 풀먹인 옥양목 빳빳하게 손질하여
겁없이 이불바느질 호기롭게 시작했다

입술에 실끝을 말아 바늘귀를 꿰려 하니
자꾸만 빗나간다 돋보기도 별무 소용
울렁증 왈칵 솟는다 던져버리고 싶은 찰나
흐릿한 안경 너머로 할머니가 웃으신다

동무와 놀고 싶은데 하필이면 바느질이냐며
뾰로통 입 삐죽이며 심통내던 그 가시내

미완성 초상화

김 인 숙

해마다 6월이면 그리다 만 초상화
흑백사진 한 장 없이 총알받이 된 아버지
그리려 붓을 들어도 그릴 수가 없었다

할머니 닮았다 해서 둥글넓적하게 그렸다가
이목구비 잘 생겼대서 꽃미남을 그렸다가
말갛고 깨끗하대서 성철 스님 그렸다

팔순 넘은 친정엄마 오랜만에 오시어서
"에미야, 막똥이가 느이 아베 쏙 뺐시야
어찌먼 그리 도싱타냐 판배기다 판배기"

남겨진 핏덩이가 그리움을 그리다가
이제야 미련없이 붓을 내려 놓았다
반백 년 넘게 그리던 아버지의 초상화

쌍무지개 뜬 언덕

김 인 숙

참 시시한 내 인생 변두리 삶이라 치부했는데
오늘밤은 그게 아니야 쌍무지개 뜬 언덕이네
상하이 야경을 보니 천국이 바로 여기네
내 터수에 좀 과하다 싶어 망설이던 크루즈여행
망망대해 편주 아닌 십사층 거대한 공룡
축소판 상류사회를 잠시 엿보라 손짓하네
앞, 뒤, 옆 다 둘러봐도 넘치는 물 그리고 풍요
없는 게 없는 배 안, 돈이 곧 황제더라
뒤통수 호되게 맞았다 지금까지 뭐했냐고...

고향의 맛

김 인 숙

고향마을 지킴이
개미 사촌 막내시누이

애면글면 키운 배추
맛깔스레 보내온 김치

한 포기 주욱 쭉 찢어
볼 미어지게 먹는 순간... 아!

우르르 쾅쾅 태풍이 불고
등굽은 농부 뒷모습이 보이고

뙤약볕에 고추 따는 아낙이
산주들녘 푸르른 배추밭이

한입에 몽땅 들어와
눈물이 찔끔... 꿀꺽... 뚝!

언니 같은 친구

김 인 숙

등불이 사는 집에 그대를 초대합니다
은은한 빛이 주위를 밝히는 향기 있는 지등입니다
삭풍이 휘몰아쳐도 흔들림이 없는 등
꽃집보다 더 꽃집 같은 아름다운 녹색 정원
냉혹한 세상바람에 상처받은 그대여
작은 꽃 도란거리는 소리 귀 열면 들린답니다
귀 떨어진 오지 항아리 깨어진 헌 기왓장도
그녀의 손이 닿으면 명품이 되는 마법의 손
저마다 다른 그릇임을 불현듯 깨닫습니다

파열음

김 인 숙

이순 넘어 할머니 되면
번뇌 망상도 늙을 줄 알았다
세월에 속고 인간에 울고
옛날 신파극 한마당 중
치이익~~ 압력솥 파열음에
소스라쳐 깨진 망상
조였다가 풀렸다가
인생은 공구 세트
햇살 한 자락에 녹았다가
어느새 꽁꽁 언 빙벽
신기루 사라지는 건
찰나보다 더 짧다
진양조 느린 가락이
시나브로 감기는 오후
미로 속을 헤매다가
가까스로 찾은 출구
옳거니, 이것이 인생극장
리허설 없는 단막극

꽃대궐 띠띠미

김 인 숙

좌청룡이 어떻고 우백호가 어떻다는 말
길지니 명당이니 관심 없고 믿지도 않았다

꽃대궐
*띠띠미 마을에
발을 들여 놓기까지

고택의 돌담을 두른 위풍당당한 고목 병풍
양반댁 마님을 닮은
아! 그 봄날의 산수유 꽃

여기가
명당이란 걸
문외한도 알겠네

* 경북 봉화산자락에 있는 마을 이름
남양홍씨 집성촌이며 경북 4대 길지라 함

위로가 필요하다

김 인 숙

내가 나를 할퀸다
성에 낀 유리창을 긁듯
그 누구도 아닌 내가 심장을 쪼아 댄다
별 없는 칠흙 같은 밤 새벽도 올 것 같지 않아

징검돌 없는 세상에
살아 있는 게 다행이라고
등대 없는 험한 바다 항해 하느라 애썼다고
스스로 다독거리면 푸른 피가 돌 텐데…

주인 찾아 헤매다 온
소인 없는 편지처럼

축 처진 내 어깨에 가벼이 손을 얹고
누군가 말해 주면 좋겠다 "잘 살았네 괜찮아" 라고

고사목

김 인 숙

바짝바짝 말라간다
물관 체관 다 막혔나

끊임없이 충전되던 내 삶의 뿌리들이
갑자기 파업한다고 빨간 경고등 켜든다

튼실하게 잘 큰 묘목들 옥토 찾아 분양하고
버팀목 내 반쪽과 곁가지로 다투면서
비구름 가끔씩 몰려와도 햇살 바라 살렸더니

자전을 멈춘 지구
폭풍전야의 고요다

우짖던 새소리도
바람 소리도 들리잖는

응급실 C. T 촬영장 앞에 떨고 섰는 고사목

천재+인재

김 인 숙

영화에서나 볼 것 같은 일이
내 곁에서 일어났다
잠자는 소, 코 끝을 건드려
깜짝 놀라 날뛰는 소
우면산,
자연 그대로였다면
억겁을 누워 잠들 산
잘난사람들 비위 맞추느라
생태공원에 인공습지에
숲이 주는 건강도 모자라
체육공원 만들고
인내도 한계가 있지
더 이상은 안참아
아수라장 된 전원마을에
친구 안위가 걱정되어
떨리는 목소리로
"친구야, 괜찮아?"
"괜찮아 우리 집은 말짱해
그런데 집 값 떨어지겠어~"

김정자

- 가족
- 내 딸들아
- 기적
- 봄의 단상
- 고요
- 우리 집 정원
- 반갑지 않은 시간들
- 틈새
- 너를 보내고 (8)
- 너를 보내고 (9)

- 월간 『문예사조』로 시인 등단 (1995)
- 『조선일보』 리포터 (1997)
- 한국문인협회 회원
- 국제펜클럽 한국본부 회원
- 한국기독시인협회 회원
- 한국문인협회 김포시지부 이사 역임
- 사랑방 시낭송회 상임 시인
- 시 쓰는 사람들 동인
- 정진학원장
- 제 9회 전국 새얼 백일장 입상
- 제 4회 김포문학상 공로상 수상
- 제 5회 김포문학상 우수상 수상
- 제 22회 〈문예사조〉 문학상 우수상 수상
- 시집 : 『또 하나의 길』
- 공저시집 『시 쓰는 사람들』『광화문을 지키는 시인들』 외 다수

- 핸드폰 : 019-607-3757
- E-mail : 0196073757@hanmail.net

가족

김 정 자

제 아무리 세상이
맵고 차가울지라도
돌아올 내 집과 가족이 있어
이겨 낼 수 있는 것

지극히 부족한 부분을
내보여도
흉이 되지 않기에
더 고맙고 소중한 가족

네가 힘겨워 할 때
내가 대신 못하는 것이
안타까워 눈물 나는
그 찡한 가슴

가정이란 울타리로
감싸 안는 가족은
생명의 바다.

내 딸들아

김 정 자

이 땅의 모든 부모들이 그렇듯
내 딴에는 늘 부족하지만
넓은 날개가 되어
포근하고 아늑하게 품어주고 싶었는데
조금만 더 조금만 더
넓게 펴 보이려 애쓰는 동안
너희들은 어느새 가늠조차 못 할 만큼
구름인 듯 바람인 듯
꿈처럼 바위처럼
우뚝우뚝 큰 나무가 되어
내 앞에 서 있구나
역할이 바뀌어 버린 역할극처럼
이 엄마보다 더 큰 날개를 달고서
딸들아
늘 고맙고 미안하다
너희들이 새싹이었을 때
더 넓고 포근한 날개가 되어 주지 못해서
더 큰 나무 그늘이 되어 주지 못해서
그때 조금만 더
자양분을 공급해 주었더라면
더 튼실한 재목이 되었을 텐데……

기적

김 정 자

내가
이 세상에 온 것도
저 햇살, 꽃, 바람
꿈인 듯한 자연과의 호흡도
오늘, 내일을 살아내고 있는
우리네 인생도
어찌 보면
이 모두가 기적 같은 일인 것을

우리가 한 가족으로 만난 것도
당신과 내가 함께할 수 있는 것도
지금 이 순간도
세상의 모든 일들이
기적처럼 존재하고 있는 것임을.

봄의 단상

김 정 자

몇십 년 만의 추위라고 하는
긴긴 겨울의 터널
힙겹게 힘겹게 빠져 나왔다
봄의 기침 소리가
아주 가끔씩 미세하게
들리는가 싶었는데
어느 새 봄의 메아리가
우주 속 한가득이다

문명의 이기와 메마른 삶,
일상 속으로 찾아 준 계절은
그만 정지되었던 내 정서에
파아란 신호등 되어 다가오고
할 수만 있다면 이 기쁨들을
예쁜 항아리에 담아
잘 보관해 놓았다가
마음에 허기가 올 때
꺼내 보고 싶다
위로 받고 싶다

고요

김 정 자

고요한 밤 거룩한 밤
만상이 잠든 밤
찬송가 가사가
이처럼 눈 쌓인 신비 속에
지어졌을까

온 세상이 다
수면 아래로 아래로
가라앉은 듯한
이 시간

우주의 모든 것들이
눈빛으로 눈빛으로 흐르고

네온의 불빛마저 숨죽인
정적만이 흐르는 이 고요,

이대로
무아無我는 될 수 없을까.

우리 집 정원

김 정 자

햇살이 찾아드는 아침마다
어린 아이 다루듯
어르고 달래 주었더니
살뜰하게 피고 지는
우리 집 거실 정원

웬일일까
며칠 전부터
공들인 화분 하나가
누런 잎을 띄기에
꽃집에 물었더니
아뿔사 물을 많이 주어서란다

세상사 무엇이든
"넘침은 부족함만 못하다"
새삼 실감이 난다

오늘도 균형 잡힌
하루가 되기를 기도하며
다시금 눈을 크게 떠본다.

반갑지 않은 시간들

김 정 자

최선을 다한 수고가
마이너스로 돌아갔을 때
상대에 대한 기대가
바람처럼 흩어졌을 때

긴 시간, 고민을 거듭해도
결론이 나지 않을 때
문득 문득 찾아오는
이 아쉬움의 시간

때로는 풀리지 않는
굴곡의 날들이
전화위복의 씨앗이 되듯
또 다른 의미로
다가올 지도 모를 일

이 또한
한 줌 빛 같은
선물 아닌가.

틈새

김 정 자

학원에서 초짜 선생님에게
초등학생을 맡기고
며칠을 지냈다

안색이 안 좋아 보여
"무슨 일이 있느냐" 물었더니

이유인 즉슨 아이들이
말을 따르지 않는다며
볼멘소리를 한다

녀석들 딴에는
초짜 선생님에다
나이조차 어려 보이니
만만해 보였겠다

세상사 모든 것들이
미세한 틈새를 용케도 알아차리고
비집고 들어오는
그 놀라움, 또 한 번 혀를 찬다.

너를 보내고 (8)
- 동생을 추모하며

김 정 자

많은 말을 품고 있어
터질 것 같은 마음인데도
막상 네 앞에 서면
할 말이 할 말이 어찌 그리 없는지

얘야! 이 세상 살아내기도
가끔씩은 많이도 버겁구나

내 편과 네 편과의
보이지 않는 줄다리기에
때로는 지쳐 쓰러질 때도 있고

그래도 살아야 되기에
살아야만 되기에 살아내야만 되기에

너조차도 가슴에 묻고
잊어버리며 광대놀음과도 같은
현실을 이어가지

올 추석도 저 가을바람과 더불어
무심히도 가고 있구나.

너를 보내고 (9)
- 동생을 추모하며

김 정 자

10여 년 만에 이사를 했다
묵은 짐을 풀어 놓고 세세히 정리를 한다
지나간 일기장, 사진첩, 옛 글 등등
네가 군대에 복무 중일 때
주고받던 편지를 발견하고는 그만 코끝이
찡해와 더 이상 볼 수가 없어 덮어 버린다
사람이란 환경에 곧 잘 적응하는 속성이 있어
네가 저 세상으로 갔어도 이 세상은 언제나처럼
돌아가고 있고 그 속에서 이 누나의 삶도 이어져 가지
사랑하는 동생아
더 많이 생각해 주지 못하고
더 많이 아파해 주지 못하고
일상에 쫓기어 사는 이 누나를 용서해 주렴
네가 살고 있는 그곳엔
언제나 고통의 그늘이 아닌 기쁨의 빛이
환하게 밝혀 있으리라 애써 믿고 싶구나
다하지 못하고 간 너의 생애가 못내 아쉬워
오늘도 자꾸만 너의 모습이 어리어 온다.

김홍림

- 2003년 『어리비의 달빛』 시집으로 등단
- 김포사우고등학교 교장 역임
- 농민문학회 경기지부장
- 한국문인협회 회원
- 국제 PEN 클럽 한국본부 회원

- 이메일 : kky@naver.com
- 핸드폰 : 010-7675-8828

그해 여름

김 홍 림

매미가 17층 아파트 유리창에 붙어 거실 안을 들여다 본다
손주가
"할아버지, 할아버지, 저기!" 하며
엄지손가락을 세워 창쪽으로 제끼며

숨을 죽인다

선풍기 하나 돌아가고
조손이 앉아 수박을 먹고 있는 경치가 보였나 보다
아, 좋아보였나 보다

매미가 지열에 받쳐 올라왔던가
유난히 뜨거웠던 그해 여름이었지

추억의 탱크
-추석 귀성

김 홍 림

탱크가 굴러간다
좁은 들 높은 산 깊은 바다도 구멍을 뚫으며 나간다
길을 내며 달려간다
고향이 그리우면 탱크가 간다
뚜껑을 열면 밤하늘 가득히 빛나는 별빛 아래 추억의 이정표가 보인다
가고 싶다는 생각만 나면 거침없이 굴러가는 탱크, 무적의 탱크다
밤중에도 산을 넘고 물을 건너 탱크가 간다
아, 달밤이면 들려오는 굉음 소리, 소리... 소리 꼬리 물고
탱크 군단이 몰려간다

고향이 생각나면 탱크에 시동이 걸린다
고향이 그리우면 추억의 탱크가 굴러간다

아름다운 구슬

김 홍 림

그대와 내가 일터에서 서로 흘린 땀방울을 보았네
슬플 때도 기쁠 때도 서로 흘린 눈물방울을 보았네

그대와 내가 땀방울 눈물방울 섞어 만든 방울
어둠 속에서도 영롱한 구슬 하나 되었네

아, 그 방 안엔 반짝임도 무지개도 들어 있네
낮은 곳에 있으면 또르르 그쪽으로 굴러가는

어디에 부딪쳐도 깨어지지 않는
아름다운 구슬이 되었네

정착

김 홍 림

아기처럼 어머니 젖꼭지를 물고 있다가
이젠 철이 들었다
뚝! 떨어져 제 몸을 널어 말린다
풍장으로 미이라가 된
고엽들이 바람에 이리 몰리고 저리 몰리고
개운해진 몸이 날아갈 듯하나
날아오르고 싶은 하늘은 밤새 멀어졌다
가을 햇살이 눈부신 은가루를
바람 속에 날리며
기울어지고

모진 겨울 추위에 서로 몸을 포갠 이불 되어
자신의 뿌리도 대지도
덮었다

아름다운 불빛, 그 하나

김 홍 림

바람이 책장을 넘기다 무더기로 넘기고 가 버렸다
어디서 문 닫고 그가 넘기는 책장 소리

그 홀로 초연히 불빛 내고
있는 밤
멀리

바람이 불고 낙엽 지는 소리도 잦아드는
어둠 속
아름다운 불빛, 그 하나

남아
등대 같고 횃불 같은 밤

자주 웃다

김 홍 림

윗니 네 개, 아랫니 두 개를 뽑았네
쓴 것, 단 것,
딱딱한 것, 말랑말랑한 것, 여문 것, 물컹한 것

들풀도
다른 짐승의 살도
무던히도 씹어 먹었는데

안으로 곪고
밖으로 썩어
아성牙城이 허물어지고 말았네

살릴 것은 살리고
갈아치울 것은 갈아치우는
일대 숙청을 단행하였네

이제부턴 말썽을 피우지 않도록
집안 단속을 잘해야겠네

이젠 날아갈 것 같네
노랑 금니빨이 남아 있어
자주 웃네

강마을의 전설

김 홍 림

우두득 짱!
얼었던 강이 터지자 그 가슴에 파도가 일고 수로가 열리는 밤을 지나
꽃향기 짙은 봄밤의 첫새벽, 닭 울기 전이다
강마을에 보이는 불꽃 하나, 새댁이 앉아 바느질을 하고 있었다

아, 그 밤이 벌써 가을이 되었던가

들녘에서 볏단을 논 가운데 세워놓고, 별빛, 달빛을
쓸어담아 빈 달구지에 싣고
음력, 보름밤의 달이 굴러가고 있었다

그리운 파도

김 홍 림

수많은 물결이 그 앞으로 줄줄이 돌아옵니다
바람이 끌고 가다가 놓아주고 갑니다
그의 발끝까지 가서 손 내밀기를 반복하고 있습니다
물결이 끊임없이 뭍으로 오르고 싶은 염원은 여기까집니다

더 이상 다가갈 수도 없는 그리움의 파도
님의 곁을 떠날 수도 없답니다

(아! 오늘도 아우성치는 그리운 파도 소리여!)

축등

김 홍 림

바람이 와서 심지에 불붙였다
봉지봉지 지등에 불들어 왔다
불꽃나무가 되었다
새봄맞이 트리가 되었다
곳곳에 축제의 연등을 달았다
긴긴 겨울을 이겨낸 새삶의 축등이다
대지가 피어올린 가식 없는 순결의 불꽃이다
나무마다 올해의 햇불을 치켜들었다
불타는 향기가 온 세상에 퍼졌다
세상이 꽃봉지 안으로 들어가 꽃등이 되었다
총천연색의 불꽃이다
아, 불야성이다!

그리움

김 홍 림

저 산 너머 노을밭에 길손이 되고 싶은 그리운 집, 하나
산 넘고 물 건너 찾아갑니다
반백 년 옛 친구 찾아갑니다

당신과 헤어지며 손을 흔들다가 당신이 안 보이면
그 순간부터 당신이 보고 싶어집니다

자고 일어나니 온 세상이 당신을 향한 그리움으로 자욱합니다
그리움은 보고 싶어 애가 타는 것
그래서 불타는 노을이 되었나요

윤소천

- 평화야
- 당신에게
- 그래도 세상은
- 벌목
- 반달
- 어쩌다 좋은날
- 베트남의 평화
- 중국의 평화
- 여수 엑스포(바다의 꿈)
- 껍데기

- 작사가, 평화운동가
- 한국작사가 협회 부회장
- 한국현대시인협회 기획위원
- 한국문인협회 회원
- 한국갤러리 관장
- 세계평화사랑 연맹 이사, 사무국장
- 리준만국평화재단 감사
- 한국음악저작권협회 작사가

〈저서〉

- 『우리 가슴에 숨은 노래』『시는 노래가 되어』 외 20집
- 동인지 : 시쓰는 사람들 6집, 한강의 시잔치 외 다수
- 유엔평화지도 대표시. 중국인민공화국 건국60주년 중국평화지도 대표시
- 낭송집 : 『시인의 목소리』
- "새생활 새생활의 글" 장관상 수상

- 메일 : p179@hanmail.net
- www.worldpeace.or.kr 세계평화사랑연맹
- 핸드폰 : 010-9909-8999

평화야

윤 소 천

너는 무엇이기에
천사가 되고, 전사가 되어
구석구석 작은 곳까지 찾아다니며
싸우고 지키고 보듬어 주려 하니

평화야,
넌 언제나 내게 있어 목마름이었고
넌 언제나 내게 있어 청량제였으며
넌 언제나 내게 있어 살아가는 이유란다.

때론 너를 강탈하고
때론 너를 짓밟으려 해도
용서하고 배려하고 인정하고 사랑할 때
하나가 되는
욕심이 결국 네 앞에 무릎 꿇게 하는 너의 힘!

평화야, 이제 너는
나에게 없어서는 안 될 의복이 되었고
너와 나 떨어져서 살아갈 수 없으니
평화야,
오늘도 너를 입고 지구 한마당 돌아 보자구나.

당신에게

윤 소 천

지나가는 붉은 낙조 옆에 앉히고
가을바람 차 한 잔에 잡아두고는

당신과 함께한
소중한 시간들을 불러봅니다.

야소풍이野小風你 없을지라도
희망을 몰고 다니는
세상에 가장 멋있는 당신!

당신의 아내로 참 행복합니다.

그래도 세상은

윤 소 천

굽은 길
허리 편다면 재미없겠지

인생길
포장된 도로라면 지루하겠지

강물이
흐르다가 벽에 부딪쳐서
멍 자국 치료도하고

폭포수 물줄기에
소리쳐 울어도 보고

그래야
한세상 살맛나는 거야

흐르는 물
다시 막아 올리고픈

그런 용기가 생기는 거야.

벌목

윤 소 천

산이 긴장했다
숨을 내뿜지 못하고
목구멍으로 꼴깍

도끼의 힘에
입을 벌린 톱날에

쿵 -

울부짖는 소리가 요란하다

나무들은
하얀 피를 흘리고

숲속은
정전되어
침묵으로 시위했다.

반달

윤 소 천

달 반쪽이
찻잔으로 떨어졌다

하늘 밭에 나뉘어
마주보고 웃는다.

나밖에 없지?

어쩌다 좋은날

윤 소 천

몇날 며칠
궂은비 억세게 내리고

것도 모자라
산도 집도 무너졌다.

어쩌다
햇볕 들어 좋은날
하수구 락스 한 통 부어놓고

곰팡내 나는
이불 빨래 널라치면

바람이 불어와
말을 건넨다.

네 오장육보 꺼내어
햇볕에 널어 보라고.

베트남의 평화

윤 소 천

추위도
폭풍도 지나갔습니다.
어두운 밤
안개 속에서도
자유를 찾고자하는
당신을 기억합니다.
그 희생을 알기에
그 뿌리를 알기에
숨어있던
새싹들이 비집고 나와
새순을 틔웁니다.
자유의 이름으로
오메가의 마음으로
8천만의 가슴속에
희망의 꽃
평화의 꽃으로 피우렵니다.
고요함속에서도
무한한 힘을 가진 당신!
이제는 지키렵니다.
베트남의 평화를!

중국의 평화

윤 소 천

중국의 평화를 위해
넓은 대륙 만주 벌판을
피 흘리는 고행으로 기었습니다.
백색의 마음 비바람 맞아가며
팔꿈치를 지팡이삼아
정성 인내를 한 아름 가슴에 품고
무릎을 꿇었습니다.
평화, 신기루가 아님을 알기에
하늘의 밧줄을 잡고
한자 한자 염원을
담고 또 담았습니다.
소수민족 눈송이처럼 각기 다른
다 민족이 살기에
차갑고 험한 길
따스한 햇살로
순백의 미립자를 녹이렵니다.
이제 청룡이 올라갑니다!
화합하여 함께하는
하나의 원을 그리며
세계를 향해 날렵니다.
평화의 빛을 발하며…….

※ 중화인민공화국60주년기념 중국평화지도 대표시(2009. 5. 20)
중국베이징주중한국문화원

여수 엑스포(바다의 꿈)

윤 소 천

여니 수니 손을 들어
어서 오세요, 반갑습니다

동백꽃 섬들과 맑은 바람
한반도 끝자락에 축제를 여네

세계인의 이목들이 집중되는 여수에서
꿈과 희망 세계를 날며 이야기해요

우리의 희망 미래인 거죠
웰컴 투 코리아! 원더풀 여수!

바다는 미래의 꿈으로 이어지는 곳
세계가 바다로 하나가 되고

살아 있는 바다 숨 쉬는 연안에서
우리의 꿈 바다에 꿈 만들어 가요

맑은 물 지키며 살아온 우리
웰컴 투 코리아! 원더풀 여수!

껍데기

윤 소 천

타워 팰 리스
불빛도 희미한

높디높은 저 집에
누가 살까

하늘이 가까워 구름과 놀까
새들이 가다 쉬었다 갈까

현관 앞
졸고 있는 명품구두

창문 틈
나오는 숨소리

산소가 부족하다

이기은

- 시조 시인, 수필가
- 경북 포항 출생, 현 경기 김포 거주
- 『한울문학』 시 부문 신인상 수상
- 『대한문학세계』 수필부문 신인상 수상
- 『모던포엠』 시조부문 신인상 수상

〈저서〉

- 자귀나무 향기1 - 우리 함께 눈 먼 새로 살자
- 자귀나무 향기2 - 날갯짓을 해야 삶이 곱다
- 공저 시집 : 한국 100인 명시선 外 50여 권 작품 수록
- 서정 문학상 본상 수상(한국서정문인협회)
- 독도 詩 낭송대회 대상 수상(문화복지 신문)
- 전국 가사, 시조문학 공모 시조부문 동상 수상(기봉, 백광홍 선생 선양회)
- 늘 푸른 문학 대상 수상(늘푸른문학회)
- 글봄문학대상 수상(글봄문학회)
- 전국 가사, 시조문학 공모전 대상수상(장흥군수)

- 주소 : 김포시 사우동 1224번지 농장마을 신안아파트 102동 1007호
- 이메일 : lke1303@hanmail.net
- 핸드폰 : 010-4087-3344

별밤에 쓰는 편지

이 기 은

거대한 돔형 천장 아름다운 샹들리에
하루 저녁 전기료이면 누구네 몇 달치
생활비가 될 전등으로 도배된 공간에 달랑 피아노 한 대
무거운 침묵의 색깔을 입고 거만스레 앉아 있다.
두선거리는 소음들 사이로 하나 둘 아름다움을 찬양할 가슴들이 모이고
묵 빛 커튼이 젖혀지면 바야흐로 이심전심이 된 듯
검고, 흰 건반위에 사랑이 뒹굴고 삶이 헤적인다.
누구에겐 행복이 되고, 누구에겐 사랑이 되고
또 다른 누군가는 먼빛으로도 볼 수 없어 네모난 상자의
메스꺼운 뱃속을 열어 부럽고 졸리는
눈으로 바라보아야 하는 먼 명왕성쯤에서 일어날 이야기,
그 이야기 속엔 차가운 지하철 바닥에서 밤새우는 영혼
발목 잡고 늘어지는 무논에서 땀 흘리는 영혼 비릿한 항구가
그리워 그믐밤을 마다 않고 통통거리며 헤엄치는 바닷가 사람들
지게 자국 선명한 어깨 위에 또 하루치의 삶을
올려놓아야 하는 산 사람들의 이야기는 없다.
잿빛 도회의 어느 골목 단칸방에서
다섯 식구 웅크리고 잠든 엄동의 이야기도 없다.
세상이 아름답고 삶이 즐거운 몇몇이 모여

희희낙락嬉嬉樂樂 저들만의 언어로
저들만의 이야기를 하고 있을 뿐이다.

늙은 공중전화

이 기 은

재잘재잘 하염없이 말을 쏟아내던 빨강 전화 부스
세월이 내려앉아 고운 화장 지워져버린 전화기 한 대
겨울바람에 삐걱이는 덧문의 신음소리 들으며
아린 마음으로 추억을 보듬는다.

막걸리에 무엇을 섞어 마셨을까, 혼절하고 싶도록 냄새가 심한
세상에 저 말고는 아무도 없는 듯 막무가내인 화상이
몇 분을 부여잡고 미주알고주알 고문 하더니 종국에는
부서져라 팽개치는 바람에 실어증 걸린 장난감 되어
흔들흔들 괘종의 궤적을 흉내 내며 잿빛 시간을 헤아린다.

언제쯤 고사리 손에 이끌려
사랑 가득한 언어의 유희 속으로 유영해 볼까
말이 하고 싶어, 말이 듣고 싶어, 말을 참아야 하는
새장을 잃어버린 앵무새 한 마리
삭풍 휘몰아치는 계절 속에서 홀로 외롭다.

떠밀리며 사는 게 행복이야

이 기 은

짙은 어둠이 억지스레 밀어주지 않으면 새벽은 올 수 없지
나팔꽃 환하게 웃는 모습도 그 웃음에 담긴 희망의 멜로디도
가슴에 쌓을 수 없지
잔뜩 쌓았다가 와르르 무너질 때 가려운 옆구리를 따라
키들키들 쏟아지던 하얀 웃음에 유유히 흐르던 달콤한 기억
주렁주렁 별이 열린 깊은 밤들이 한 잠도 자지 않고
어제를 염습하여 행복의 둔덕에 묻어 두고 오늘이란
비목을 세워, 꾀부리지 않고 힘껏 새벽을 부추겨 주었기에
행복의 주렴을 걷으며 환하게 웃을 수 있었던 게야
아비는 그 아비를 고난의 역사 속에서 평안의 역사 속으로
뿌듯한 행복 누리며 떠나게 하고, 저도 자식의 등에 업혀
고려장 당하며 망각 속으로 떠나가지, 하지만
쉬 잊히지 않음은 떠밀리면서 자꾸만 감겨오는 인연의 매듭
온전히 풀지 못한 까닭일 거야
새벽 고샅을 휘감는 바람에도 끈기가 있어 거친 감나무 껍질에
흔적을 남기고 가지, 하물며 사람인바에야 어찌 흔적이 없을까
이리저리 얽힌 흔적 세상에 남기고 훨훨 바람으로 사는
그것이 삶인 게야
언젠가 우린 바람이 되어 무량의 공간을 누비게 될게야
영면의 자유마저 벗어던지고 떠돌이가 될게야

아내가 아픈 날

이 기 은

스물다섯 시간
단내가 나게 조잘대던 텔레비전이 침묵시위에 들어간 휴일
늦잠에서 깬 햇살은 저만치 밀어낸 구름을 접어
반닫이 위에 올려놓고 토닥토닥 방망이질을 하고 있다.

절름거리면서도 하루에도 수십 번 흔들리며 노래하던 문들이
물속 같은 정적을 견디지 못해 내는 신음소리
녹슨 시간이 떨어져 나와 문지방을 더럽힌다.

진공청소기에 흡입되어 버린 시끌벅적 요란스런 휴일은
압력 밥솥 언저리를 맴도는 배고픈 아이들의 눈망울 따라 지쳐가고
발코니에서 졸던 선인장가시에 찔려
붉은 선혈을 뚝뚝 흘리는 햇살은 저만치서 상처에 붕대를 감는다.

기 꺾인 신발들이 널브러진 현관 초인종에도
침묵이 하달되어 온종일 눈동자 굴리는 소리만 요란하다.

시간은 자꾸만 바다로 간다

이 기 은

날실 씨실 무릎에 비벼 어여쁜 삶으로 꼬아
한 땀, 한 땀 고단한 날들의 한숨으로 엮어 만든
바다로 가는 길목에는 배고픈 갈매기들의 아우성
긴 세월의 발자국을 피해 질긴 인연
길 위에 널어놓은 이름 없는 풀들에게서 이슬은
새벽의 오르가즘을 얻어 하늘로 오를 날개옷을 짓다가
또 다른 날 낯선 바람의 구애에 못이기는 채
여민 고름을 풀어 박꽃 닮은 가슴을 맡긴다.
가슴에 잉태한 사연을 하얀 백지에 하나씩 내려놓던 날
굵은 빗방울에 씻겨 여울의 옆구리를 피가 나도록
긁어대던 세월은 저만치 망초꽃 흐드러진 언덕을 돌며
물끄러미 어제를 되씹고 서서
짙은 노을, 울며 넘는 기우제 올리던 봉우리를 향해
소원을 빈다.
돌아서서 가는 길 바다가 보이고 너른 바다의 가슴은
수많은 포말의 마음들을 하나하나 어루만지며
저린 팔베개에 사랑을 담는다.

동백나무 숲길에 봄이 오면

이 기 은

혈흔으로 피어난 꽃잎
하얀 눈밭을 걸어 바다로 가면
간간히, 해풍에 실려 온 기별에
귀 기울이다
서녘부터 젖어버린 황혼

땅 끝에 기댄 바다는 말이 없고
통통배 잔등에 올라앉은 시간은
꽃빛 서러운 어제로 간다

어디쯤에서 만남과 이별의
경계를 설정해야 할는지
오는 길을 알지 못하는 걸음걸이는
자국 없는 흔적 되어 밤으로 가는데

퍼덕이는 날갯짓에 흩날린 깃털
시간의 결을 찾아 저 길 떠나면
혼자 슬픈 동박새
세월의 틈에 끼어 겨운 울음 운다

할머님의 천적

이 기 은

눈이 침침한 할머님은 반짇고리 앞에 앉아
가는귀먹은 돗바늘에 대고 소리치신다.
밤마다 찔린 손톱에선 붉은 아픔이 여울졌다.
뭉툭해진 바늘 끝 애꿎은 허벅지만 괴롭히던 어제
또각또각 흐르는 세월에 조금씩 삭아버린 연민
새벽닭 울 때까지 도란도란 속엣 이야기
낡은 치맛자락에 올올이 새겨 넣던 뿌연 시간들
이어진 날들이 세월강 가득 차고 넘칠 때쯤
소통의 부재가 낳은 늘그막의 고성
가물거리던 호롱불이 숨 끊어질 듯 자지러진다.
봉창 너머 불구경하듯 벙싯거리며 바라보던 하현달
이마에 한 줄 주름이 늘어나 검버섯처럼 얼룩이 생겼다.
문풍지 막혀 오갈 데 없는 바람
작은 떨림에도 온몸으로 반응하며
억울한 듯 아랫목 이불자락 들치고 숨어보지만
토닥토닥 이력난 싸움질은
새벽닭 울 때까지 끊어질 듯 이어진다.

비움과 채움의 천칭

이 기 은

시위에 화살을 먹이고 잔뜩 웅크린 몸을 활짝 펴면
팽팽한 긴장은 눈 녹듯 사라진다
다시금 찾아온 이완, 처진 시간이 작은 떨림으로 순간을 되새김질한다.

채워지면 시간을 다투며 다시 비워지듯 자작나무 숲에도
가득한 바람이 얼기설기 엮인 채움과 공허의 경계를 허물며
시간여행 하듯 오고 가는 사이
밤하늘 가득히 반짝이던 별, 마중별만 남기고 날짜선을 건넌다.

다시금 빈 하늘엔 부신 햇살로 채워지지만
마음 깊은 곳까지 넘치도록 다정하던 사랑마저도
그리움이라 이름 지은 공허를 남긴 채 늘처럼 채움과 비움을 반복한다.

괘종의 울림이 몇 번이나 더 감각 세포를 흔들고 지나야
비움에 익숙해질까, 길 끝에 다다르면 그곳엔 비움일까, 채움일까

공간의 재구성은 때로 신기루를 만나게 하지만

보듬을 수 없는 공허로 실망의 범위를 무한대로 넓혀
갈 뿐
텅 빈 채움의 화두를 끝내 풀지 못하고 떠나야 하는 시간
속 여행

달이 없는 밤은 길게 느껴지는 법

이 기 은

별 몇 개 눈웃음치는 달 없는 밤은 동지섣달 긴 밤보다 한 뼘은 길어서
말간 아침으로 시작하려던 일상에게는 표정관리가 참으로 어렵기도 하다.
하마 올까 지아비 기다리는 해거름 아낙의 마음이 아마도 그럴까
공제선 주변을 희끄무레 밝히는 빛은 게으른 노을이 남겨 둔 간밤의 자취
가슴을 열고 아침을 기다리는 간절함은 산자락 짙은 그림자 속이어도
하얀 꽃송이 피우고도 남았을 기다림 배고픔 보다 힘든 목마름,
감로가 되어줄 샘은 아침이 오기까지 알 수 없는 미로를 헤매며 엇갈린
운명의 길을 배회하고 있음인지 괘종의 흔들림마저 흐느적임으로 바뀐
요지경 같은 새벽, 보리밥 한줌으로 온 삶을 버텨야 하는
배고픈 삶에겐 달 없는 밤은 길어도 너무 긴 밤이다

왠지 미덥지 않아서

이 기 은

옆에 두고도 아득한 것이 사랑이라 했다
아득하지 않으면 간구하지 않기에
배고픈 바람이 나무에 올라앉는 것처럼
쉬우면 사랑이 아니라 싶어 문득,
가물거리는 아지랑이 같은 것이 사랑이리라 여겼다
꽃이 피거든 보라 곁에 머문 꽃은 언젠가 꽃이 아니다.
그러나 멀리 떨어져있어 잡을 수 없는
그래서 더 간절한 것은 꿈속에서도 꽃빛이다.
쉬이 기댈 수 있는 나무엔 잎이 적어
햇볕을 가려주지 못한다.
사람의 마음이란 게 그렇게 설계된 것을
이제와 어이 바꿀 수 있으랴
사랑은 멀어야 사랑이요, 가까이 있어도
잡을 수 없어야 사랑이다.
쉬이 내 것이 될 수 없는 것들을
사람들은 사랑이라, 혹여 잡을 수 없을 때를 대비한
변명꺼리를 만들어 두었다 생각하려해도
나도 그런 사람 중의 하나 인 것
아득한 것이 사랑이다.

추영수

- 아기 오리의 믿음
- 꽃씨 한 알
- 이웃 사랑을 위한 기도
- 쥐불놀이
- 이승은 아름다워
- 오늘의 노래
  —1. 씨앗에게
- 오늘의 노래
  —2. 씨앗에게
- 오늘의 노래
  —3. 씨앗에게

- 1961년 '현대문학지'에 시 추천완료로 등단
- 靑眉詩동인, 한국문인협회, 한국시인협회, 기독시인협회, 기타
- 서울중앙여자중 · 고등학교 교사 및 계원예술고등학교 교감, 덕수유치원 원장 역임
- 현재 덕수유치원 명예원장
- 시집 『천년을 하루같이』 외 8권, 수필집과 전기 등이 있음
- 한국문학평론가협회상, 교육부장관상, 제1회 미당시맥상 등 수상

- 핸드폰 : 010-2759-2745

아기 오리의 믿음

추 영 수

사랑아! 사랑아!
세상 눈 처음 열고 나온
아기새처럼
순수로 만난 첫 눈빛

발바닥에 불나도록
뒤따르다가
벗어 놓은 신발 속에
잠든 아기 오리

천국은
넓기도 해라
따뜻하기도 해라
아기 오리 가슴속에 있는
믿음의 우주
크기도 해라

꽃씨 한 알

- 부활의 노래

추 영 수

꽃씨 한 알
꽃받침에서 떨어져 나왔을 때
탯줄 잘렸다고 낙망하지 말아라
영 죽음이 아니란다
다시 태어남이란다

꽃씨 한 알
크고 큰 손바닥에 홀로 놓일 때
외로워 떨지 말아라
그 큰 손바닥 네게 다시 사는 삶 주리니

옥토에 내려 생명길 누려 보아라
거기가 낙원이니
꽃씨 한 알 흙바닥에 내려
대지의 품에 안길 때

절망하지 말아라
돌아가지 않으면
돌아오지 못한단다
새 하늘 새 땅 영원을 꿈꾸어라

이웃 사랑을 위한 기도
- 요나서를 읽고

추 영 수

〈요나서〉를 읽고 당신이 생각나서 울었습니다
쓰나미 쓸고 간 폐허에서 한 목숨이라도 더
살려내려고 가슴 졸이던 할아버지
당신이 자랑하던 과학기술의 보루도
당신이 의지하던 천지신명도 일시에 물거품
최후의 보물 가족사진을 안고 나오다가
쓰나미에 쓸려 가 버린 할아버지의 펼쳐진 사진첩
차마 놓지 못하고 펴든 손주의 웃는 얼굴앞에서……
멍든 가슴 쓰다듬으며 나는 또 울고 말았습니다
갖은 고문 끝에 처절히 목숨 잃은 내 아버지가 생각나서
생체실험실에서 산 송장되어 돌아가신 시인을 그리며
육시戮屍로 잔인하게 목숨 앗긴 유관순 언니의 처참함과
교회문을 잠가 걸어 산 채로 타서 죽은 할머니와 신도들
꽃같이 어린 누이들 짓밟은 야수들의 입에서
"남에게 피해를 끼치지 않는 사람이 되도록"이라는
새빨간 위선의 뱀혓바닥을 보았을 때 통곡하고 말았습니다
오! 하나님! 오! 하나님! 용서하소서
억울함을 잊지 못하고 기억해 낸 이 죄를 용서하소서
내가 할 일은 뼈가 사무치는 원한을 잊는 일이요
심판은 하늘의 몫이요 우리는 이웃 사랑 실천임에
당신의 영육을 위해 가슴 치며 눈물로 기도합니다

그대여 사랑하는 이웃으로, 참 이웃으로 거듭나소서
지식으로도 지혜로도 인간들의 힘으로는
최후의 심판 앞에 진리를 당할 수 없음을 깨달으소서

쥐불놀이

추 영 수

아그들아
쥐불놀이도 철들거든 하여라
서너 살 철부지 마구 돌린 불통
홀랑 제 이마에 뒤집어쓰고
가랑바지 태워 먹어
제 씨까지 날려버린 장난
놀음은 놀음이라
제 조상 제 핏줄 제 씨도 살라먹고
땅두더지 되어 통곡하려는가
하나부터 열까지
놀음놀이에 취한 옆에서
군침 흘리며 손가락 빠는
거렁뱅이 훈수에 속지 말아라
한때는 네 조상 중에
하늘 두려운 것 아는 이도 있었단다
하늘 위 땅 속 귀 기울이어
부끄러운 주름 고이 펴
화평을 꿈꾸며 얼음 깨고 눈뜨는
통곡의 숨결을 들어 보아라

이승은 아름다워

추 영 수

앞서 가는 생명은 아름답다
내 가던 길 돌아서서
어둠을 등지고 그대를 따를 때
그대는 나의 빛이 되어
길과 수렁을 밝혀 주었네
그대의 지긋한 미소 길게 뻗치어
내 시야를 가린 눈물도 닦아 주었네
그대로 하여 내 이승은 늘
열일곱 아름다움
내게 오실 빛의 씨알 받아 품기 위해
곰삭은 두엄더미가 된 줄
이제 알았네
지탄의 소란도 감사와 찬송임을
내 자유를 동여맨 비단 수갑
풀어 헹구는 생의 해거름은
보랏빛 향유 흐르는 강물이었네

오늘의 노래
-1. 씨앗에게

추 영 수

오늘
'나' 여기 있어
'우리' 되어 모였음에

구름 한 자락 가린 가슴
젖은 바람 스침도
고마움이어라

영원을 가꾼 꿈
한 아름에 품고
뜨겁게 타오르는
아득한 수평선

오대양 육대주를 울리는
만남의 징소리 자전으로 화답하는
지구의 환호성

'나'를 털고
일어나는 귀한 '오늘'이여

오늘의 노래

-2. 씨앗에게

추 영 수

님은
은혜의 바다에서 건져낸
약속의 말씀

님의 가슴에선
늘
사랑의 파도소리 철썩이네

님은
어둠을 밀어내는
헌신의 불꽃

드디어 님은
영원에 봉헌되는
말씀의 길

오늘의 노래
-3. 씨앗에게

추 영 수

사랑의 인력引力은
창조주의 가장 귀한 걸작

삭풍에 몸서리치는 저 나목의
목덜미를 끌어안은

태양의 뜨거운 팔을 보아요
발밑에 엎드린 작은 벌레들의
바스라지는 날개 위에
눈물 감춘 흔적도 보아요

편애하지 않으시는 크신 이의 어깨동무
얼음장 밑에서 무지개 피어오르는 일

한 미 자

- 등넌출이
- 동백
- 청맹과니의 노래
- 寂
- 가을
- 양파를 까며

• 김포 들뫼 출생
• '92『문학세계』 신인상
• 한국문인협회 회원
• 한국시조시인협회 회원
• 오늘의시조시인회의 회원
• 시조집 :『그루터기의 말』(1999년)

• e-mail : my762@hanmail.net
• 핸드폰 : 010-3331-2606

등넌출이

한 미 자

몸 안에 자라나는 피의 행로 보여주랴
내 안 가득 울리는 그 이름 들려주랴
뜨거운 웃음 한 자락 그대 손에 쥐어주랴.

동백

한 미 자

나
아직
환한 등불
받쳐 들고 있습니다

밤 가고
밤이 오고
지그시 입술 물면서
내 안에 쉼 없는 바람 잠재우고 있습니다.

하루가
또, 하루가
무던히도 가옵니다

모르게 품은 생각
벌써 드러났는데

내 뼈는
지층 깊숙이
임을 두려 합니다.

청맹과니의 노래

한 미 자

차마
입을 열어
말할 수 없었니라

그대, 내
전부였음을
말할 수 없었니라

감아도
감기지 않는 눈
보일 수 없었니라.

寂

한 미 자

산에 바람 있어 뒷산 올라 보니 바람 불지 않아도 풀잎 외려 더 낮고
급하게 청솔모 한 마리 솔숲으로 숨는다.

작은 돌 몇 개 집어 큰 돌 위에 올려놓고 한 바퀴 돌아오면 내 앞서 지났을까? 보인다, 큰 나무 아래 작은 잎 흔들리는 거.

생각에 나이 들면 세상 다 알리라고 회초리보다 매운 못다 한 삶이 주는
내 엄니 남기는 말씀 그 말씀 혹 아닐지.

가을

한 미 자

눈 뜨면 뵈는 江山
왜
눈도 못뜨고
천지를 헤매어도 말 한 마디 못 건네고
속속이 다 훑인 바람 끝자락이 붉다.

양파를 까며

한 미 자

대체 그 속내에는
모반이라도 있는걸까

도무지 알 수 없는
테러의 예감으로

숨겨진 네 속성들과 숨이 닿게 마주 한다.

골수를 파고드는 그 이름에 날이 서고
도려내도 아릿한 불치의 헛손질은

무디던 금속성마저
아!
피를 보고 있구나.

저자와의
협약으로
인지생략

시쓰는 사람들 동인지 제8집

오늘의 노래

초판 발행 2011 년 10 월 15 일

지은이 | 이 준 안 외

펴낸이 | 윤 해 규

편집인 | 김 경 희

펴낸곳 | **을지출판공사**

등록번호 | 제 2-741 호
등록일자 | 1985 년 2 월 14 일
주 소 | 서울시 마포구 양화로6길 27-5(서교동) 301호
우편번호 | 121-840
전 화 | 02) 334-4050 · 4090
팩시밀리 | 02) 334-4010
E-mail : ejp4050@hanmail.net

값 10, 000원

* 잘못된 책은 바꿔 드립니다.

ISBN 978-89-7566-124-2 03810